A mon Père,

Amour et Reconnaissance.

Faculté de Droit de Toulouse.

ACTE PUBLIC

POUR LA LICENCE,

En exécution de l'art. 4, tit. 2, de la loi du 22 ventôse, an 12.

SOUTENU PAR

M. Dupsaa (Pierre-Auguste),

Né à Pau, (Basses-Pyrénées).

JUS ROMANUM.

INST. TIT. XXIV. — *De satisdatione tutorum vel curatorum.*

Satisdatio est cautio fidejussoria, per solemnem stipulationem, quâ tutores et curatores promittunt rem pupilli vel adolescentis salvam fore.

Axioma de satisdatione tutorum generale est : omnes tutores vel curatores tenentur satisdare iis quos cadit ulla suspicio.

Indè satisdare tenentur : 1° tutores legitimi; 2° tutores dati à magistratibus inferioribus sine inquisitione, id est sine investigatione morum et facultatum.

Excipiuntur tamen inter legitimos, parentes et patroni, ob debitam ipsis à liberis vel libertis reverentiam.

Qui non tenentur sunt : 1° tutores testamentarii, quia fides eorum et diligentia ab ipso testatore approbata est; 2° tutores dati à majoribus magistratibus ex inquisitione, quia inquisitio tenet locum satisdationis.

Aliquandò tamen et ipsi etiam tutores testamentarii tenebantur satisdare : scilicet si plures essent à patre designati.

Si plures sunt tutores testamentarii, potest unus offerre satisdationem, ut solus administret, si nullus est qui velit suscipere administrationem et satisdationem præstare vel administrationem permittere, ille solus administrat qui specialiter à patre fuit designatus. Nullo à patre designato, ille administrat qui à majore parte tutorum electus est.

Satisdatio id efficit ut finità tutelà, pupillus habeat tres actiones ad rem recuperandam quæ sibi deest : 1° actionem tutelæ; 2° actionem à stipulatu; 3° actionem subsidiariam :

Actio tutelæ datur adversùs tutorem, actio à stipulatu adversùs fidejussores, actio subsidiaria adversùs magistratum.

CODE CIVIL.

Tit ii. — *De la Majorité, de l'Interdiction et du conseil judiciaire.*

L'époque de la majorité est celle où les facultés intellectuelles de l'homme sont présumées avoir acquis le développement nécessaire, pour qu'il puisse jouir sans danger pour lui-même ou pour la société de toute la plénitude de ses droits civils. Cette époque est fixée pour les deux sexes, à vingt-un ans accomplis. Le législateur a apporté une restriction à cette faculté à l'égard du mariage. La minorité de l'homme se prolonge jusqu'à vingt-cinq ans.

On a dit que cette restriction était exigée par de puissans motifs. Pour nous, nous pensons que le législateur a obéi simplement et peut-être à son insu, à cet instinct de despotisme qui naît avec l'homme et ne meurt qu'avec lui.

Mais quoique l'homme soit parvenu à l'époque de sa majorité, époque à laquelle ses facultés doivent être développées, il peut arriver qu'une maladie ou des peines morales altèrent sa santé et sa raison au point de lui ôter le jugement nécessaire pour administrer sa fortune et même sa personne : ou bien qu'en conservant intacte sa raison, il ait un goût tellement excessif pour les dépenses inutiles, qu'il soit exposé à être en très peu de temps plongé lui et sa famille dans la plus profonde misère. Dans ces deux cas, la loi vient à son secours, en le confiant aux soins d'un nouveau tuteur, ou en le plaçant sous la surveillance d'un conseil judiciaire.

CHAPITRE II.

De l'Interdiction.

L'interdiction peut être définie l'acte, par lequel la justice interdit à l'homme devenu majeur l'exercice des actes de la vie civile dont son âge le rendait capable, pour le réduire à la condition d'un mineur.

Examinons d'abord : 1° quelles personnes peuvent être interdites; 2° quelles personnes peuvent poursuivre l'interdiction; 3° quelles sont les formes à suivre pour arriver à l'interdiction; 4° quels sont ses effets et sa durée.

§ I. — *Quelles personnes peuvent être interdites : quelles personnes peuvent poursuivre l'interdiction.*

Doit être interdit tout individu majeur qui se trouve dans un état habituel d'imbécillité, de démence et de fureur, lors même que cet état présenterait des intervalles lucides.

Quelques auteurs s'attachant au texte rigoureux de la loi, ont prétendu que le mineur ne pouvait être interdit. Il faut cependant admettre qu'il pourra l'être dans certains cas, l'absolue nécessité bien et dûment constatée.

L'interdiction est une mesure qui intéresse moins la société que la famille. Aussi la loi a-t-elle permis à tous les parens, quel que soit leur degré, à l'époux ou à l'épouse, de la provoquer. Les alliés ne le pourront jamais à moins qu'ils n'agissent au nom de leurs épouses ou de leurs enfans. Dans le cas de fureur, si les parens, l'époux ou l'épouse, négligeaient de provoquer l'interdiction, elle devra l'être par le procureur du roi, elle pourra l'être encore par lui dans le cas d'imbécillité ou de démence, si l'individu n'a ni époux, ni parens connus. Dans le premier cas l'obligation est formelle; dans le second, elle est facultative.

§ II. — *Des formes à suivre pour parvenir à l'interdiction.*

La demande en interdiction sera portée devant le tribunal civil du domicile de la personne qu'on veut faire interdire. On présentera au président une requête contenant les faits sur lesquels on se fonde et les noms des témoins. On y joindra les pièces qui peuvent la prouver. Mais ces deux dernières formalités ne devront pas être remplies sous peine de nullité. Le président en ordonne la communication au ministère public, et commet un juge pour faire le rapport au jour indiqué dans la chambre du conseil. Sur ce rapport, et après les conclusions du ministère public, le tribunal, s'il juge les faits pertinens, ordonne que le conseil de famille donnera son avis. Ceux qui ont provoqué l'interdiction ne peuvent en faire partie, mais les époux et les enfans y seront admis sans y avoir voix délibérative.

La requête et l'avis du conseil de famille seront signifiés au défendeur, ainsi que les pièces y annexées, pour qu'il connaisse les faits dont il est accusé et qu'il puisse préparer sa défense. Il sera interrogé par le tribunal dans la chambre du conseil, ou bien s'il ne peut se présenter, dans sa demeure, par un juge à cet effet commis ; si les pièces et interrogatoires sont suffisans, le jugement sera prononcé sans autres épreuves, en audience publique, les parties entendues ou appelées, et sur les conclusions du ministère public. Le défendeur ne pourra pas s'interdire la faculté de faire appel. Si le tribunal rejette l'interdiction, il pourra lui nommer un conseil judiciaire.

§ III. — *Des effets de l'Interdiction.*

L'interdiction produit deux effets principaux : L'un de placer la personne et les biens de l'interdit sous l'administration d'un tuteur ;

L'autre de frapper l'interdit des mêmes incapacités que le mineur non émancipé auquel il est assimilé.

Après la confirmation du jugement sur l'appel, il sera pourvu à la nomination d'un tuteur et d'un subrogé-tuteur. L'administrateur provisoire, s'il y en a eu un de nommé, cesse ses fonctions et rend ses comptes au tuteur s'il ne l'est pas lui-même. Le tuteur autre que l'époux, les ascendans ou descendans pourront déposer la tutelle après dix ans d'exercice.

La tutelle des interdits est dative, hors un seul cas, celui de la femme tombée en démence. La puissance maritale reste pleine et entière, quelle que soit la condition de la femme. Ainsi, il est de droit son tuteur. Il n'en est pas de même de la femme qui ne pourra le devenir que par la volonté du conseil de famille, encore est-ce une dérogation au principe de l'incapacité des femmes pour être tutrices.

Le législateur a pensé sans doute que celle qui avait vu naître et grandir le mal, pourrait mieux que tout autre en arrêter les ravages ou du moins en adoucir les douleurs.

Les revenus des biens de l'interdit seront consacrés à le soigner et à hâter sa guérison.

La femme nommée tutrice, a l'administration des biens de son mari, de ceux de la communauté, et par conséquent des siens propres ; mais elle ne pourra jamais les aliéner sans l'autorisation de la justice.

En lui déférant la tutelle, le conseil de famille pourra même régler la forme et les conditions de son administration, sauf à elle à se pourvoir devant les tribunaux si elle se croit lésée.

L'art. 511 contient une dérogation aux règles ordinaires de la tutelle, pour le cas où l'enfant d'une personne interdite veut contracter mariage. Alors la dot ou l'avancement d'hoirie, et les autres conventions matrimoniales doivent être réglées par un avis du conseil de famille, homologué par le tribunal sur les conclusions du procureur du roi.

L'interdiction ou la nomination d'un conseil de famille aura son effet du jour du jugement, même avant sa signification à la personne interdite. Cette exception aux règles ordinaires est fondée sur ce que le jugement ne crée pas l'incapacité; il ne fait que la reconnaître. La loi ajoute : que tous les actes passés postérieurement par l'interdit seront nuls, ce qui a fait demander si c'est à compter du jour du jugement ou du jour où il a été rendu public, que ce jugement doit produire son effet contre les tiers. L'art. 501 ne laisse aucun doute à cet égard. Le code n'a voulu parler ici que du cas où il n'y aura pas de conseil.

Mais lorsqu'il y aura un conseil qui n'aura pas rempli les formalités pour la publicité exigées par la loi, et que des tiers auront été lésés par sa négligence, nous croyons qu'ils auront une action en dommages et intérêts contre lui. Remarquons que la nullité des actes ne pourra jamais être demandée par les personnes qui ont contracté avec l'interdit.

Nous ne croyons pas qu'un tiers puisse être admis après le jugement d'interdiction à prouver que certains actes ont été passés dans des intervalles lucides; car ces actes sont exclusivement placés sous la présomption légale, présomption qui repousse toute espèce de preuve. Nous devons à plus forte raison le décider ainsi pour l'acte le plus important de la vie, le mariage de l'interdit. Mais si, avant son décès, l'interdiction n'avait pas été provoquée, ces actes ne pourraient pas être attaqués, à moins que la preuve de la démence ne résultât de l'acte même.

Quant aux actes antérieurs à l'interdiction, ils peuvent être annulés, si la cause de l'interdiction existait notoirement à l'époque où ces actes ont été faits.

Le retour de la raison mettra fin à l'interdiction : *cessante causâ, cessat effectus*. Pour obtenir la main-levée, il faudra employer les mêmes formalités qui l'avaient fait admettre.

CHAPITRE III.

Du Conseil judiciaire.

Le conseil judiciaire est donné aux prodigues. La prodigalité est un penchant irrésistible qui nous porte à dissiper notre bien en vaines et folles dépenses; ce vice était autrefois une cause d'interdiction. Le prodigue, à qui un conseil judiciaire aura été donné, ne pourra sans son assistance plaider, transiger, emprunter, recevoir, aliéner ou grever ses biens d'hypothèques. Mais il pourra se marier, administrer ses biens, faire son testament. Il n'est pas nécessaire que l'autorisation soit toujours donnée de vive voix et au moment où l'acte se passe, elle peut l'être par écrit. Les personnes qui ont le droit de demander l'interdiction ont celui de provoquer l'assistance d'un conseil judiciaire. Les formalités à remplir sont les mêmes. Le ministère public sera toujours entendu.

CODE DE PROCÉDURE.

Liv. ii. Tit. xix. — *Des Réglemens de juges.*

Le réglement de juges est la décision par laquelle un tribunal supérieur déclare quel est celui des deux tribunaux saisis d'une même contestation qui doit en connaître. Les motifs du législateur ont été de prévenir la multiplicité et la contrariété des jugemens, ainsi que d'éviter aux parties des frais considérables. On nomme cette contestation conflit de juridiction. Si le conflit a lieu entre deux tribunaux de paix, ressortissant au même tribunal d'arrondissement, la demande sera portée à ce tribunal. Dans le cas où ils relèveraient de tribunaux différens, elle le sera à la cour royale; mais il peut arriver que ces tribunaux ne ressortissent pas à la même cour royale. Dans ce cas, la demande sera portée à la cour de cassation, dont la juridiction s'étend sur tous les tribunaux du royaume.

Si le conflit a lieu entre deux ou plusieurs tribunaux de première instance, ressortissant à la même cour royale, le réglement sera porté à cette cour. S'ils ne ressortissent pas à la même cour royale, ou si le conflit existe entre deux ou plusieurs d'entre elles, il sera porté à la cour de cassation.

Il est de jurisprudence que la demande à l'effet d'obtenir le renvoi devant un tribunal étranger ne donne pas lieu à réglement de juges.

La demande pourra être formée en tout état de cause.

La partie déboutée du déclinatoire, par elle proposé devant un tribunal, et de la demande en renvoi devant un autre tribunal, ressortissant à une cour autre que celle où ressortissait le tribunal qu'elle déclinait, pourra faire appel de ce jugement ou se pourvoir directement devant la cour de cassation en réglement de juges. Mais elle devra former sa demande en réglement dans le délai qui lui est accordé pour faire appel. Ce délai est de trois mois; après ce délai elle ne sera plus recevable à se pourvoir. Elle sera recevable cependant à former sa demande en réglement, si le jugement n'a pas statué sur le fond. En consentant à ce que le fond fût évacué, elle a renoncé implicitement à la demande en réglement. Mais si le jugement a été rendu par défaut, elle pourra en relever appel pendant la durée du délai fixé par la loi.

Procédure à suivre. Le demandeur en réglement présentera au président du tribunal une requête expositive des faits qui donnent lieu à sa demande; à cette requête seront jointes les assignations à lui données. Le procureur du roi, à qui la requête doit être communiquée, donnera ses conclusions. Jugement sera rendu, qui permet d'assigner en réglement, ou ordonne qu'il sera sursis à toute procédure. Dans ce cas, le demandeur pourra attaquer ce jugement devant qui de droit. — Dans le délai de quinzaine de ce jugement, le demandeur en réglement le fera signifier au défendeur et l'assignera au domicile de son avoué. Mais comme dans les justices de paix, ainsi que dans les tribunaux de commerce, il n'y a pas d'avoués, l'assignation sera donnée à sa personne ou à son domicile. Le délai pour comparaître sera de huitaine franche, augmenté d'un jour par chaque fois trois myriamètres de distance. La distance sera comptée d'après le domicile respectif des avoués, s'il y en a de constitués. Dans le cas où le demandeur laisserait écouler ce délai sans assigner, il sera déchu de sa demande en réglement.

Comme il peut arriver que la demande en réglement ne soit faite que pour entraver la marche de la justice, le tribunal pourra condamner le demandeur à tels dommages-intérêts qu'il jugera convenables,

CODE DE COMMERCE.

Livre Ier, Tit. vi. — *Des Commissionnaires et des Voituriers.*

Section Ire. — Le commissionnaire en général est celui qui agit en son propre nom ou sous un nom social pour le compte d'un commettant. Ses devoirs et ses droits changent essentiellement, selon qu'il est revêtu de l'une ou l'autre de ces qualités.

S'il agit au nom d'un commettant, il n'est plus qu'un mandataire ordinaire; et dès lors, il rentre dans la classe commune, et tombe sous l'empire des art. 1984 et suiv. du Cod. civ. jusqu'au 2010 inclusivement. Il existe toutefois une différence remarquable entre le mandat et la commission. Le mandat est gratuit, s'il n'y a stipulation contraire (art. 1786 du C. civ.), tandis que la commission suppose toujours une convention tacite de rétribution.

S'il agit en son nom propre, les art. 93 et suiv. du présent titre, lui sont applicables.

Dans le premier cas, il ne contracte envers ceux avec qui il traite aucune obligation personnelle, pourvu qu'il se soit renfermé dans les bornes de son mandat.

Dans le second au contraire, les tiers qui contractent avec lui ne connaissent que lui seul pour obligé, sauf à lui à exercer son recours contre son commettant.

Il peut encore agir sous un nom social. Dans ce cas, les tiers ont une action directe contre la société dont il est membre.

On reconnaît dans le commerce quatre espèces de commissionnaires; 1° les commissionnaires pour l'achat et la vente des marchandises, 2° pour l'acceptation, la négociation et le recouvrement des lettres de change ou autres effets de commerce; 3° ceux de passage ou d'entrepôt; 4° ceux pour les transports par terre et par eau, que l'on désigne ordinairement sous le nom d'entrepreneurs de roulage. Nous ne nous occuperons ici que des derniers qui sont seuls spécialement désignés par notre Code.

Seciton IIe. — *Des Commissionnaires pour les transports par terre et par eau, et du Voiturier.*

On nomme ainsi les personnes qui, moyennant un prix fixe et convenu, contractent envers les négocians ou tous autres qui leur confient des marchandises ou autres effets, l'obligation de les faire parvenir à leur destination définitive. Les marchandises sont remises à des voituriers qui en effectuent le transport. Cette opération exige donc deux contrats : l'un entre l'expéditeur et le commissionnaire des transports, l'autre entre le commissionnaire et le voiturier.

Le commissionnaire doit avoir un livre-journal sur lequel il est tenu d'inscrire la déclaration de la nature et de la quantité des marchandises ou effets, voire même de leur valeur s'il en est requis. C'est à lui à s'assurer si la déclaration qu'on lui fait est exacte. S'il ne prend pas cette précaution, il est responsable à concurrence des marchandises déclarées et de leur valeur.

Les contrats relatifs aux transports formés entre l'expéditeur et le voiturier, ou entre l'expéditeur, le commissionnaire et le voiturier, se constatent par la lettre de voiture. On nomme ainsi un écrit privé, sur papier timbré, que l'expéditeur remet au commissionnaire ou au voiturier, contenant les diverses formalités énumérées par l'art. 102. Dans l'usage elles s'observent toutes. Toutefois, le conseil d'état a décidé que l'omission de quelques-unes d'entr'elles n'entache pas le contrat de nullité ; seulement, suivant les circonstances, elles pourront donner lieu à des dommages et intérêts.

Le commissionnaire est garant des faits du commissionnaire intermédiaire. Il est garant, ainsi que le voiturier, de l'arrivée des marchandises dans le délai spécifié sur la lettre de voiture, sauf le cas de force majeure légalement constatée; de la perte desdites marchandises, s'il n'y a stipulation contraire ou force majeure. Ils sont également tenus de toutes les avaries, autres que celles qui proviennent du vice propre de la chose ou de la force majeure. Dans le cas d'avaries, elles seront constatées par des experts commis par le président du tribunal de commerce, ou à son défaut par le juge de paix, par ordonnance, au pied d'une requête. L'action contre le voiturier, se prescrit par six mois pour la France, et un an pour l'étranger.

L'acceptation sans réclamation et le paiement du montant de la lettre de voiture, par la personne à qui les marchandises étaient adressées, décharge le voiturier et le commissionnaire de toute responsabilité.

Si la personne à qui les marchandises sont adressées, refuse de les recevoir par un fait étranger au voiturier, la loi lui accorde un privilége sur elles. Il pourra demander leur séquestre et ensuite leur transport dans un dépôt public. Il pourra même avec autorisation de justice les vendre, jusqu'à concurrence du prix de la voiture.

Toutes ces dispositions sont communes aux maîtres de poste et aux entrepreneurs de diligence.

Cette thèse sera soutenue le 11 juin 1835, à 10 heures du matin.

Vu par le Président de la Thèse,
LAURENS.

Toulouse, Imprimerie de Marie ESCUDIER, Rue Saint-Rome, n° 26.

www.ingramcontent.com/pod-product-compliance
Lightning Source LLC
Chambersburg PA
CBHW050419210326
41520CB00020B/6671